STAURAUM

DAS WICHTIGSTE

TERENCE CONRAN

STAURAUM

DAS WICHTIGSTE

PLANEN, EINRICHTEN & WOHNEN

Aus dem Englischen von Barbara Meder

Deutsche Verlags-Anstalt

Inhalt

NATURAL COMPANIONS
ANDY GOLDSWORTHY
Andy Goldsworthy WOOD
APPEARANCES
FASHION
MARTIN HARRISON
ABZ
MORE ALPHABETS AND OTHER SIGNS
flea market decorating
Esselte
Esselte
Esselte
Esselte
bloom

ENSIBLE
maiden
TRAITS
(un)FASHION
HIP HOTELS
SEASONAL HOME
the relaxed home
table inspirations
PURE STYLE
global style
HIP HOTELS USA
SPACE
The Colour Design Source Book
I CANT FORGET
THE LONDON ANTIQUES GUIDE
Juergen Teller
TASCHEN
MARK ROTHKO
Wolfgang Tillmans
TASCHEN
contemporary german photography
TASCHEN
THE TIMES ATLAS OF THE WORLD

EINFÜHRUNG

BESTANDS-AUFNAHME & PLANUNG

KATEGORIEN & TYPEN

RAUM FÜR RAUM

Castagnaccio
• SALT
• CHESTNUT FLOUR
• OLIVE OIL
• ROSEMARY
• RAISINS
• WALNUTS
x 20 mins
180°c

Einführung

Wohnräume sind nicht nur Orte für Menschen, sondern auch für Dinge. Wie und wo wir unsere Besitztümer aufbewahren entscheidet mit, wie unser Zuhause sich anfühlt – und wie der Haushalt funktioniert. Viele überlegen erst nach dem Einrichten, wo sie was unterbringen können, und müssen sich dann mit Stückwerk zufriedengeben. Sinnvoller ist es, das Thema Stauraum von Anfang an in die Planung einzubeziehen. Denn je mehr Objekte sich ansammeln, desto größer ist die Gefahr, dass sie die Oberhand in unserem Leben gewinnen und wir die Übersicht verlieren.

Wer richtig Ordnung schaffen will, sollte diese Aufgabe von zwei Seiten angehen. Zum einen durch die Planung eines effizienten und praktikablen Aufbewahrungssystems für die vielen verschiedenen Sachen, die in einem durchschnittlichen Haushalt zu finden sind. Und zum anderen durch die kritische Überlegung, was davon man wirklich braucht. Weil unser Leben sich ständig verändert, ist dieser Teil der Organisation unweigerlich ein fortlaufender Prozess.

»Platz für alles und alles an seinem Platz« klingt zugegebenermaßen ziemlich mühsam und fast schon pedantisch. Aber ohne funktionierende Ordnung kann niemand sein Zuhause wirklich genießen. Denn wenn man ständig alles auf den Kopf stellen muss, um etwas Bestimmtes zu finden, einfache Routinearbeiten zur frustrierenden Dauerbeschäftigung werden oder wichtige Unterlagen verloren gehen, wird das Leben nicht einfacher, sondern einfach unnötig stressig.

LINKS: EIN OFFENES FÄCHERREGAL ÜBER DER ARBEITSPLATTE: SO SIND HÄUFIG BENUTZTE KÜCHENGERÄTE UND VORRÄTE IMMER GRIFFBEREIT.

OBEN: DAS SCHLAFZIMMER ALS RÜCKZUGSORT: NAHTLOS EINGEPASSTE SCHRÄNKE MIT SCHLICHTEN TÜREN BRINGEN RUHE IN DEN RAUM.

Fortsetzung

Einführung

Unordnung bringt oft viele unnötige Ausgaben mit sich. Was nicht vernünftig aufbewahrt wird, verliert an Wert oder verdirbt und muss eher früher als später ersetzt werden. Übervolle Schubladen und Kleiderstangen ziehen Motten magisch an, vereiste Kühlschränke kühlen nicht mehr so, dass Lebensmittel wirklich frisch bleiben. Für Dinge, die auf Nimmerwiedersehen verschwinden, muss Ersatz gekauft werden, und vollgestopfte Räume lassen sich nur schwer sauber halten. Und dann gibt es da noch den psychologischen Aspekt: Wenn Unordnung die Szene beherrscht, verliert man schnell den Überblick.

OBEN: EINGEPASSTE REGALE MIT PLATZ FÜR BÜCHER UND RADIO SIND EINE PRAKTISCHE ALTERNATIVE ZUM NACHTTISCH.

RECHTS: FREITRAGENDE REGALE HALTEN SICH OPTISCH DEZENT IM HINTERGRUND. DIE MINIMALISTISCHE FORM HARMONIERT MIT DEM MODERNEN, KLAR STRUKTURIERTEN RAUM.

Früher oder später stellt sich unweigerlich das Gefühl ein, gegen Windmühlen zu kämpfen.

Wer über ein gutes Aufbewahrungssystem nachdenkt, sollte das nicht als Zwang zu mehr Selbstdisziplin betrachten, sondern als Chance, jeden Raum optimal zu nutzen. In unserer Zeit ist freier Raum viel wertvoller als alles, womit wir ihn zustellen. Und das Aufheben von überflüssigen Dingen wie Küchengeräten, die wir nie benutzen, die reinste Geldverschwendung. Viele Leute sind der Meinung, sie bräuchten eine größere Küche oder gleich ein größeres Haus. Dabei brauchen sie einfach nur den Mut, sich von all den Dingen zu befreien, die sie überflüssigerweise jahrelang aufheben.

Die Organisation eines Haushalts sollte sich in erster Linie nach den persönlichen Vorlieben und Arbeitsweisen richten – sei es am Herd oder bei der großen Wäsche. So sollte bei Freunden der fernöstlichen Garküche der Wok immer griffbereit stehen. Wer hingegen nur selten asiatisch kocht, kann ihn getrost ganz oben im Schrank aufbewahren. Mit der richtigen Planung finden all jene Dinge, die einem wirklich am Herzen liegen, einen Platz, an dem sie perfekt wirken können.

Früher besaßen die meisten Menschen nur so wenig, dass sie alles bequem in einer schlichten Truhe verstauen konnten. Erst im 18. Jahrhundert tauchten spezielle Möbel wie Nähtischchen, Sekretäre oder Bücherregale auf, um immer mehr und immer verschiedenere Dinge unterzubringen. Heute gibt es vom klassischen Schrank über modulare Systeme bis hin zu Einbaulösungen unendlich viele Arten, seine Besitztümer aufzubewahren – für jeden Geschmack und jeden Geldbeutel.

AMERICAN ART
IMPRESSIONISM
BERLIN
Gauguin
MANHATTAN
Living in Venice
PASSAGE
RUSSIAN HOUSES
Greek Style
JAPANESE STYLE
BAUHAUS

EINFÜHRUNG

BESTANDS-AUFNAHME & PLANUNG

KATEGORIEN & TYPEN

RAUM FÜR RAUM

Festlegen der Eckdaten

Der erste Schritt bei der Planung eines Aufbewahrungssystems ist die Bestandsaufnahme, also die Frage: Was ist alles vorhanden und wie viel Platz steht dafür zur Verfügung? Jede Art von Veränderung ist ein hervorragender Anlass, seine Besitztümer von Grund auf neu durchzustrukturieren. In bestimmten Bereichen allerdings, insbesondere bei der Haushaltsplanung und Buchhaltung, sollte man regelmäßig für Ordnung sorgen.

- Wo klemmt es am meisten? Fast jeder hat seine speziellen Ecken, an denen sich alles Mögliche ansammelt. Wer ständig Bücher und Zeitschriften kauft, hat früher oder später nicht mehr genug Platz im Regal, um sie alle aufzuheben.
- Verlieren Sie oft Dinge oder verbringen viele Stunden damit, etwas zu suchen? Gute Organisation bedeutet auch, dass man alles schnell und einfach finden kann.
- Müssen Sie regelmäßig Lebensmittel wegwerfen, weil sie verdorben sind? Wenn Sie Ihre Essgewohnheiten in die Planung Ihrer Vorratshaltung einbeziehen, können Sie ökonomischer einkaufen.
- Gibt es bestimmte Bereiche in Ihrem Haushalt, wo viel liegen bleibt? Treppen, Dielenschränke und Küchenablagen dienen oft als Sammellager für alles, was keinen richtigen Platz hat oder zu weit von seinem eigentlichen Einsatzort untergebracht ist.

OBEN: IN DIESEM GUT SORTIERTEN SCHUHSCHRANK FÜR PASSIONIERTE FASHION VICTIMS GESELLT SICH GLEICHES ZU GLEICHEM.

RECHTS: IN EINEM REGAL SIND BÜCHER LEICHT ZU FINDEN UND SEHEN AUCH NOCH GUT AUS. IDEALERWEISE ORDNET MAN SIE NACH THEMEN UND/ODER ALPHABET.

CLAVE
MEIFREN
DELAUNAY
PAUL KLEE
RICHARD LONG
Francis Bacon
CEZANNE
ROBERT RYMAN
SANDRO BOTTICELLI
RODIN
SPLENDOURS OF THE EAST
THE TIMES ATLAS OF THE WORLD
OTTOMAN ARCHITECTURE
THE ART OF INDIA
THE WONDERS
ZONE
CHINE

Lebensabschnitte

In jeder Phase unserer Entwicklung umgeben wir uns mit Dingen, die unseren jeweiligen Bedürfnissen entsprechen. Darum ist jeder Übergang zu einer neuen Phase genau der richtige Zeitpunkt, um Inventur zu machen: wenn man mit dem Partner zusammenzieht, eine Familie gründet, den Wohnort wechselt oder wenn die Kinder eigene Wege gehen. Auch größere Renovierungsmaßnahmen sind ein guter Anlass, unnötigen Ballast abzuwerfen. Wenn man ein Zimmer zum Streichen komplett ausräumt, sieht man den Raum plötzlich wieder mit völlig neuen Augen.

- Die erste eigene Wohnung ist meistens eher klein. Unter Umständen ist dann ein Lagerraum eine gute Übergangslösung, bis man sich etwas Größeres leisten kann. Wenn Sie mit Ihrem Partner zusammenziehen, sollten Sie aber zunächst prüfen, ob nicht vielleicht einiges an Hausrat doppelt vorhanden ist.
- Organisation ist alles, besonders in einem Familiendomizil. Kinder wachsen schnell und sind Weltmeister im Sammeln. Regelmäßiges Aussortieren und flexible, leicht zugängliche Ablagesysteme machen Ordnung halten viel einfacher.
- Ein »leeres Nest« kann überraschend voll sein, wenn die Kinder beim Auszug nicht alle ihre Sachen mitnehmen. Nutzen Sie diesen Zeitpunkt, um gründlich auszusortieren und das frei gewordene Zimmer von Grund auf neu zu ordnen.

OBEN: KINDER HABEN IHRE SACHEN GERNE IM BLICK. ÜBERSICHTLICH PRÄSENTIERTE BILDERBÜCHER HELFEN IHNEN, SCHNELLER DIE PASSENDE GUTENACHTGESCHICHTE ZU FINDEN.

LINKS: FÜR DIESES MANSARDENSCHLAFZIMMER WURDE EIN REGAL IN DIE DACHSCHRÄGE EINGEPASST.

Sichten & bewerten

Unordnung empfindet jeder anders. Manche tendieren zur Einstellung »Weniger ist mehr«, andere sind passionierte Sammler. Die meisten bewegen sich irgendwo in der Mitte der Skala und sind sich bewusst, dass ihr Ordnungssystem hier und da noch besser sein könnte. Wenn wir unser Hab und Gut in den Griff bekommen wollen, müssen wir uns eine ganze Reihe von Fragen stellen: Brauche ich das noch? Lohnt sich die Reparatur? Wo hebe ich es am besten auf?

Die Beziehung zu dem, was wir besitzen, kann sehr emotional sein. Kaum einer wird sentimental, wenn es um Gebrauchsgegenstände wie Dosenöffner oder Zahnbürsten geht, aber von persönlichen Dingen können wir uns nur schwer trennen – selbst, wenn sie kaputt, nutzlos oder auf andere Weise unbrauchbar sind. Schuld daran ist oft auch ein schlechtes Gewissen, wenn der betreffende Gegenstand teuer war. Ihn zu behalten macht den Kauf aber auch nicht ungeschehen.

Entrümpeln schafft nicht nur mehr Platz, sondern bringt auch noch andere Vorteile. Aufgeräumte Zimmer sind einfacher in Schuss zu halten. Und es gibt genügend Platz, um alle Lieblingsstücke ins rechte Licht zu rücken und Blick und Gedanken ungehindert schweifen zu lassen.

LINKS: DAS ZAUBERWORT HEISST REDUKTION. OHNE VIEL DRUMHERUM WIRKT DIE LIEBEVOLL ZUSAMMENGETRAGENE PORZELLANSAMMLUNG VOM FLOHMARKT AM BESTEN.

RECHTS: WER BILDER AUFSTELLT, STATT SIE AUFZUHÄNGEN, BLEIBT BEIM ARRANGIEREN VIEL FLEXIBLER. SO KÖNNEN DIE MOTIVE OHNE VIEL AUFWAND GEGEN NEUE AUSGETAUSCHT WERDEN.

Heinz
BAKED BEANZ
Heinz
BAKED BEANZ
Heinz
BAKED BEANZ
Carnation
FLAGEOLET BEANS
LEA & PERRINS
Carapelli

Aussortieren

- Nehmen Sie sich ausreichend Zeit und arbeiten Sie sich systematisch durch einen überschaubaren Bereich Ihrer Wohnung, zum Beispiel einen Schrank oder ein Regal.
- Sortieren Sie alles aus, was Sie ein Jahr lang nicht getragen oder benutzt haben (außer »Saisonartikel« wie die Weihnachtsdekoration oder das Festtagsservice).
- Alles, was doppelt vorhanden ist – einschließlich Bücher, Küchen- oder Gartengeräte –, kategorisch aussortieren. Nur das neuere oder bessere Stück behalten.
- Gehen Sie Ihre Garderobe durch und legen alles beiseite, was nicht passt oder Ihnen nicht steht. Altkleider können Sie bei einer Sammelstelle abgeben.
- Wenn bei Ihnen kaputte Dinge herumliegen, zu deren Reparatur Sie schon eine ganze Weile nicht gekommen sind, überlegen Sie gut, ob sie diese tatsächlich noch brauchen.
- Verabschieden Sie sich von Ausrüstung und Material für Hobbys, zu denen Sie sich nicht (oder nicht mehr) aufraffen können.
- Impulskäufe und vermeintliche Schnäppchen, ungeliebte Geschenke und ungelesene Bücher machen Schuldgefühle und sollten ganz schnell verschwinden.
- Behalten Sie verderbliche Waren im Auge und verbrauchen Sie sie vor Ablauf des Mindesthaltbarkeitsdatums. Selbst Konserven oder getrocknete Kräuter halten nicht ewig.
- Kosmetik, Medikamente, Farbe und Chemikalien stehen oft viel zu lange im Regal. Denken Sie daran, sie umweltgerecht zu entsorgen.

OBEN: ORDNEN SIE TELLER UND SCHÜSSELN NACH GRÖSSE UND STIL IN KLEINEN, KOMPAKTEN STAPELN. ANGESCHLAGENES PORZELLAN IST UNHYGIENISCH UND SOLLTE ENTSORGT WERDEN.

LINKS: UM ORDNUNG IN KÜCHENREGALEN ZU HALTEN, REGELMÄSSIG DIE ETIKETTEN KONTROLLIEREN. WAS ABGELAUFEN IST, NIMMT NUR WERTVOLLEN PLATZ WEG.

Recyceln & entsorgen

Spenden

- Geben Sie Ihre Spenden immer direkt bei der zuständigen Sammelstelle ab oder in dafür vorgesehenen Containern.
- Was Sie weggeben, sollte unbedingt sauber und intakt sein, sonst vererben Sie Ihr Entsorgungsproblem nur weiter.
- Kontaktieren Sie Krankenhäuser, Schulen, Büchereien oder Sozialstationen. Viele freuen sich über gebrauchte Spielsachen, Bücher, Zeitschriften und CDs.
- Möbel und Ähnliches können Sie bei einem Wertstoffhof abgeben oder gegen eine Gebühr als Sperrmüll abholen lassen.

Recyceln

- Nehmen Sie sich die Zeit, Ihren Müll zu trennen, und entsorgen Sie ihn in entsprechenden Tonnen oder beim Wertstoffhof.
- Manche Sozialeinrichtungen sammeln und reparieren Möbel und Elektrogeräte, die sie dann günstig an Leute mit wenig Geld abgeben.
- In Internet-Tauschbörsen kann man alles, was man nicht mehr braucht, gegen Dinge tauschen, die man gerne haben möchte.

Verkaufen

- Wenn Sie unsicher sind, wie viel ein Sammlerstück wert ist, sollten Sie vor dem Verkauf eine Expertenmeinung einholen.
- Die Bandbreite für Privatverkäufe reicht vom Hausflohmarkt über Auktionshäuser und Secondhandläden bis hin zu eBay. Auktionen sind ideal für Objekte, deren Wert nur schwer zu beziffern oder eher ideeller Natur ist.

Wegwerfen

- Erkundigen Sie sich bei Ihrer Gemeinde, wie und wo Sie Chemikalien, Batterien und Ähnliches sicher entsorgen können.
- Abgelaufene Arzneimittel können Sie in jeder Apotheke abgeben.
- Geben Sie alle Papiere, die persönliche Daten enthalten, in den Aktenvernichter.

OBEN: ALTE TASSEN UND VASEN KÖNNTEN SAMMLERSTÜCKE SEIN. EVENTUELL LOHNT ES SICH, EINEN FACHMANN ZU FRAGEN, BEVOR SIE SIE WEGWERFEN.

RECHTS: BEHÄLTER IN UNTERSCHIEDLICHEN FARBEN HELFEN, DEN MÜLL ZUM RECYCELN SAUBER ZU TRENNEN.

Stauraumzonen

Unordnung entsteht nicht nur, wenn Sie zu viele Dinge haben, sondern auch, wenn die Dinge am falschen Platz stehen. Nachdem Sie entrümpelt haben, ist es an der Zeit, sich über die Aufbewahrung all Ihrer Dinge Gedanken zu machen. Überlegen Sie, wie oft Sie was brauchen und wie Sie leicht an alles herankommen.

In unmittelbarer Nähe

Alles, was man täglich braucht, sollte dort aufbewahrt werden, wo es gebraucht wird. Wenn man schnell auf etwas zugreifen möchte, ist es sinnvoll, es sichtbar zu platzieren – zum Beispiel an Haken, auf Ablagen oder Regalen.

Was immer griffbereit sein sollte

- In der Küche: Grundzutaten und häufig benutzte Geräte. Wer kocht, braucht seine Utensilien schnell zur Hand. Damit man nicht lange suchen muss, sollte alles, was man für seine Lieblingsgerichte braucht, in unmittelbarer Nähe des Arbeitsbereichs stehen.
- Unerledigte Post, offene Rechnungen und aktuelle Buchhaltungsunterlagen; Ihre übrigen Unterlagen sollten Sie regelmäßig sortieren und ablegen.
- Wenn Sie eine Familie haben, sollte der Familienkalender immer zur Hand sein sowie Infoschreiben von der Schule Ihrer Kinder.
- Pflegeprodukte wie Zahnpasta, Zahnbürsten, Seife und Shampoo.
- Dinge, die man zwar selten, aber umso dringender braucht – wie Sicherungen, Glühbirnen oder den Erste-Hilfe-Kasten. Der sollte übrigens nie abgeschlossen sein und kindersicher, aber leicht zugänglich platziert werden.

LINKS: KOSMETIKA, DIE MAN TÄGLICH BENUTZT, SIND AM BESTEN AUF EINER OFFENEN ABLAGE DIREKT AN DER WANNE ODER DUSCHE AUFGEHOBEN.

LINKE SEITE: EIN COUCHTISCH IST DER IDEALE PLATZ FÜR FERNBEDIENUNGEN, PROGRAMMHEFTE UND BÜCHER. DIESER HAT EINEN INTEGRIERTEN STAURAUM.

Fortsetzung

Stauraumzonen

Leicht zugänglich

Die meisten Dinge im Haushalt sind regelmäßig, aber nicht ständig im Einsatz. Sie sollten so aufbewahrt werden, dass sie gut zu erreichen sind, aber nicht im Weg stehen. Überlegen Sie, wie oft Sie was brauchen. Wenn Sie etwas so gut wie nie benutzen, sollten Sie es vielleicht abschaffen oder zumindest so wegpacken, dass mehr Platz für Wichtigeres bleibt.

Beobachten Sie, wie Sie die unterschiedlichen Bereiche in Ihrem Zuhause nutzen. Wenn Sie gerne beim Kochen Musik hören, wäre ein kleines CD-Regal in der Küche sinnvoll.

Was einfach zu erreichen sein sollte

- Lebensmittel wie Backzutaten, Würzsoßen oder Hülsenfrüchte, die man vielleicht einmal pro Woche oder pro Monat benutzt, und Großpackungen. Nicht vergessen, das Mindesthaltbarkeitsdatum regelmäßig zu prüfen.
- Kochgeschirr, Geschirr und Küchengeräte, die nur für bestimmte Zwecke gebraucht werden. Wenn Sie Ihren Brotbackautomaten nur alle paar Monate nutzen, muss er nicht in vorderster Küchenfront stehen.
- Das gute Tafelservice und Geschirr, das Sie auf Vorrat gekauft haben.
- Handtücher und Bettwäsche.
- Bücher, Ordner und Dokumente, die Sie immer wieder benutzen (im Gegensatz zu denen, die Sie schon zu den Akten gelegt haben).
- Kleidung und Sportsachen, die zur Jahreszeit passen.

OBEN: MIT EINEM DURCHDACHTEN ABLAGESYSTEM BLEIBT DIE ARBEITSFLÄCHE FREI. IM SCHRANK SOLLTE DAS WICHTIGSTE IMMER VORN STEHEN.

RECHTS: DAS GLEICHE PRINZIP GILT FÜR BÜCHERREGALE. BÜCHER, DIE MAN OFT IN DIE HAND NIMMT, GEHÖREN AUF AUGENHÖHE.

EUDORA WELTY
HENRY MILLER TROPIC OF CANCER
red
ant
hous

Fortsetzung

Stauraumzonen

Gut verstaut

Der beste Platz, um Sachen langfristig unterzubringen, sind abseits gelegene Räume wie Dachböden, Keller, Garagen oder ein gemietetes Lager. Vergewissern Sie sich, dass diese für die Lagerung geeignet sind – also trocken, motten- und mäusefrei.

Lagern Sie Ihre Sachen in stabilen Behältern mit Deckel. Machen Sie eine detaillierte Liste, damit Sie wissen, was Sie wohin gepackt haben. Kleidung, die für längere Zeit eingelagert wird, gehört sauber und ordentlich gefaltet zwischen zwei Lagen Seidenpapier und dann in einen verschließbaren Kleiderbeutel. Auf gleichmäßige Luftfeuchtigkeit achten und vor der Sonne schützen.

Lagern Sie nie etwas ein, weil Sie nicht darüber nachdenken wollen, ob Sie es brauchen oder nicht. Wenn Sie einen Lagerraum anmieten, überlegen Sie gut, ob die eingelagerten Sachen die Kosten dafür auch wirklich wert sind.

Was man nicht griffbereit lagern muss

- Kleidung und Sportsachen, die Sie nur saisonal brauchen – zum Beispiel Ihre Ski- oder Taucherausrüstung.
- Weihnachtsdekoration.
- Große Töpfe oder Servierplatten, die nur sehr selten im Einsatz sind.
- Belege wie Steuerunterlagen, die aus rechtlichen Gründen aufgehoben werden müssen.
- Kinderkleidung oder Spielsachen für die nächste Generation, außerdem Erinnerungsstücke fürs Familienarchiv wie Kinderzeichnungen oder Schulaufsätze.
- Koffer, Reisetaschen und Rucksäcke – es sei denn, Sie verreisen oft.

LINKS: HOHE REGALE ODER STAPELBARE BOXEN SIND GUTE AUFBEWAHRUNGSLÖSUNGEN FÜR BÜCHER BZW. DINGE, DIE MAN SELTEN BENUTZT.

RECHTS: EIN WANDFÜLLENDER EINBAUSCHRANK BIETET PLATZ FÜR UNENDLICH VIELE DINGE. DIE OBERSTEN FÄCHER SIND ZUR DAUERLAGERUNG RESERVIERT.

Ergonomie

Ergonomie beschäftigt sich mit der Beziehung zwischen dem arbeitenden Menschen und seiner Umgebung. Ergonomisches Design reduziert Belastungen und verhindert so schmerzhafte Verspannungen. Bei der Aufbewahrung erreicht man das durch die optimale Höhe und Tiefe von Regalen und Schränken. Das ist umso wichtiger in Räumen, in denen viel passiert – wie etwa in der Küche, wo Benutzerfreundlichkeit und Effizienz eine zentrale Rolle spielen.

- Erreichbarkeit ist ein zentraler Faktor. Alles, was man dauernd braucht, sollte zwischen Augen- und Taillenhöhe untergebracht sein. Das gilt für Bücher und Akten ebenso wie für Küchengeräte und Zutaten.
- Deckennahen Stauraum, den man nur mit einer Trittleiter erreichen kann, sollte man für leichte und kompakte Dinge nutzen, die man selten braucht.
- Schwer zu heben kann Ihrem Rücken schaden. Darum sind schwere Sachen am besten in Taillenhöhe oder knapp darunter aufgehoben.
- Denken Sie daran, dass man zum Bücken mehr Platz braucht als zum Strecken. Und dass in kleinen Räumen Schiebe- oder Schwebetüren an den Schränken immer die bessere Alternative sind.
- Packen Sie Boxen nicht so voll, dass Sie sie ohne Hilfe nicht bewegen können – besonders in Bereichen, an die Sie nur schwer herankommen. Mehrere (beschriftete) Behälter, die man gut stapeln kann sind besser als eine einzelne schwere Kiste.

OBEN: ALLES, WAS MAN ZUM DUSCHEN BRAUCHT, IST IN EINER HÄNGEABLAGE ÜBERSICHTLICH UNTERGEBRACHT.

RECHTS: DIE NISCHEN NEBEN DEM KAMINSIMS SIND FÜR EINBAUSCHRÄNKE WIE GEMACHT. FLECHTKÖRBE SIND IDEAL ZUM AUFBEWAHREN VON WÄSCHE, DA SIE DIE LUFT ZIRKULIEREN LASSEN.

EINFÜHRUNG

BESTANDS-
AUFNAHME &
PLANUNG

KATEGORIEN & TYPEN

RAUM FÜR RAUM

Grundüberlegungen

Wie Sie Ihr Zuhause organisieren, bestimmt dessen Erscheinungsbild noch viel mehr als das, was sich darin befindet. Damit Ihr Ordnungssystem Hand und Fuß hat, sollten Sie sich möglichst früh darüber Gedanken machen – bevor sich so viel angesammelt hat, dass es zum Problem wird.

Vom Prinzip her gibt es drei Arten der Aufbewahrung: Einbausysteme, freistehende Aufbewahrungsmöbel und Borde. In der Praxis bestehen die meisten Systeme aus einer Mischung von allem. Entscheidend für die Umsetzung sind allein die räumlichen Gegebenheiten und persönliche Vorlieben. Gestalterisch sind der Fantasie keine Grenzen gesetzt: Von puristisch über rustikal bis nostalgisch ist alles möglich.

OBEN: FREISTEHENDE AUFBEWAHRUNGSMÖBEL WIE SCHRÄNKE, KOMMODEN ODER TRUHEN SIND EINE UNAUFWÄNDIGE LÖSUNG, UM SACHEN UNTERZUBRINGEN.

LINKS: ROBUSTE METALLREGALE MIT AUSZIEHBAREN EINSÄTZEN GEBEN DIESEM KÜCHENSCHRANK EIN PROFESSIONELLES INNENLEBEN.

- Planen Sie mit Blick auf das Ganze. So können Sie sicher sein, dass Sie jeden Raum optimal nutzen.
- In Eingangsbereichen, Dielen und auf Treppenabsätzen gewinnen Sie mit Regalen oder passenden Schränken wertvollen Stauraum. Außerdem hat fast jeder Raum ungenutzte Ecken und Nischen, die ähnlich ergiebig sind.
- Überdenken Sie Ihre Raumaufteilung. Wenn die Kinder noch klein sind und viel auf dem Boden spielen, können sie sich gut ein großes Zimmer teilen. Oder haben Sie ein Esszimmer, das Sie nur an Feiertagen nutzen? Dann macht vielleicht ein Familienzimmer mehr Sinn.
- Zusätzliche Zimmer in ausgebauten Dachböden oder Kellerräumen bringen mehr Freiraum ins Haus. Wenn man diese Bereiche nur als Lagerraum nutzen möchte, reichen ein paar schlichte Einbauten.

Regale

Regale sind eine kostengünstige und flexible Lösung, um überall Ordnung zu schaffen. Sie bieten Platz für so ziemlich alles – von Büchern und CDs über Glas und Porzellan bis hin zu Kleidung.

- Regale funktionieren am besten, wenn sie großzügig geplant sind. Einzelne Regalbretter an der Wand bringen nur wenig und sehen oft unordentlich aus.
- Sortieren Sie Ihre Sachen vor. So können Sie die Höhe der einzelnen Regalböden viel exakter einteilen. Planen Sie auch genügend Platz für künftige Anschaffungen ein.
- Eine geschlossene Regalwand ist optisch eine saubere Lösung. Wenn Sie sie um Türen oder Fenster bauen, wirkt sie besonders harmonisch und ästhetisch.
- Auch die Nischen rechts und links von einem Kamin bieten sich für Regale an. Sie können sie deckenhoch einziehen oder Regalelemente mit geschlossenen Schränken kombinieren, in denen alles verschwindet, was man nicht sehen soll.
- Umlaufende Regale in Hüfthöhe geben modernen Räumen das gewisse Extra – besonders in horizontal ausgerichteten Räumen mit niedrigen Decken.
- Regale, die in derselben Farbe wie die Wand gestrichen sind, wirken weniger massiv.

OBEN: REGALE SEHEN BESONDERS ORDENTLICH AUS, WENN SIE GENAU AUF DIE HÖHE DES INHALTS ABGESTIMMT SIND. HIER ERGEBEN DIE AUFGEREIHTEN CDS UND SCHALLPLATTEN EIN REIZVOLLES MUSTER.

RECHTS: EINE GUT GEPLANTE REGALWAND ORGANISIERT EINE GANZE BIBLIOTHEK UND BESTIMMT GLEICHZEITIG DIE RAUMWIRKUNG. GEORDNETE BÜCHERWÄNDE VERMITTELN EINE HARMONISCHE ATMOSPHÄRE.

Arte dell'Estremo Oriente
IL BAROCCO
Egitto
FOLK ART
Alchimie
IL CORPO

Fortsetzung

Regale

OBEN: DIE MASSGEFERTIGTEN SCHMALEN REGALE WERDEN OBEN VON GURTEN GEHALTEN, UM SIE ZU STABILISIEREN UND AN DER WAND ZU SICHERN.

LINKS: FREITRAGENDE WEISSE REGALE BEHERBERGEN EINE UMFANGREICHE CD-SAMMLUNG. DIESE UND ÄHNLICH GUT DESIGNTE MODELLE GIBT ES FERTIG ZU KAUFEN.

Praktische Überlegungen

- Holz- und MDF-Regale sollten eine Breite von 70 Zentimetern nicht überschreiten, damit sie sich bei schwerer Belastung (wie etwa bei Büchern) nicht durchbiegen. Für leichtere Sachen kann man etwas breitere Bretter nehmen.
- Flexible Regalsysteme kann man überall kaufen. Sie bestehen aus vertikalen Rahmen oder Schienen aus Holz oder Metall, Regalböden und entsprechenden Halterungen. Es lohnt sich, nach dem Aufstellen mit den Abständen der einzelnen Bretter zu experimentieren.
- Freitragende Regale mit versteckter Halterung sind ideal, um Dinge schön zu präsentieren.
- Regale aus Holzwerkstoffen wie MDF haben raue Kanten, die man am besten mit dünnen Weichholzleisten kaschiert. Diese Leisten sorgen außerdem für mehr Steifigkeit und Stabilität.
- Vergewissern Sie sich, dass die Wände das Regal samt Inhalt auch wirklich tragen können. Verwenden Sie Kunststoffdübel und Senkkopfschrauben, um Ihre Regale anzubringen. Auch freistehende Regale sollten an der Wand gesichert werden, besonders, wenn der Boden uneben ist.
- Ordnen Sie die Regalböden so an, dass die tiefsten Bretter mit dem größten Abstand unten sitzen. Dort ist der beste Platz für schwere und sperrige Objekte. Oben können die Bretter schmaler und die Abstände enger werden. Am besten sieht es aus, wenn sich der Übergang auf einem Drittel der Raumhöhe befindet.

Hängeablagen

Kein Haushalt kommt ohne einen Platz aus, an dem man Kleidung und anderes aufhängen kann. Nur so kann man Mäntel, Anzüge, Kleider, Hemden, Röcke und Hosen knittersicher aufbewahren.

- Entscheidend bei der Planung einer Hängevorrichtung ist die Tiefe. Sie sollte mindestes 60 Zentimeter betragen, damit die Kleiderbügel nicht anstoßen.
- Die Kleiderstange sollte lang genug sein, damit alles luftig hängen kann – vollgestopfte Schränke ziehen Motten an und ruinieren die Kleidung. Platz für Neuanschaffungen mit einplanen!
- Übereinander angebrachte Stangen nutzen den Raum optimal aus. Dort sind Jacken oder Hemden gut aufgehoben. Lange Kleider und Mäntel auf eine separate Stange hängen. Alternativ können Sie Regalböden, Schubladen oder ausziehbare Einsätze unter der Stange montieren und gefaltete Kleidung oder Schuhe darin aufbewahren.
- Ordnen Sie die Kleidung am besten nach Art, Länge und Farbe, damit ähnliche Stücke nebeneinander hängen.
- Investieren Sie in vernünftige Kleiderbügel. Nehmen Sie Drahtbügel nur für Hemden oder Blusen, die Sie oft tragen. Holzbügel halten Kleidung in Form, gepolsterte Bügel sind ideal für Empfindliches.
- Benutzen Sie bei Röcken die eingenähten Aufhänger oder nehmen Sie Klemmbügel.
- Niedrig angebrachte Kleiderstangen helfen kleinen Kindern dabei, selbstständig zu werden.

OBEN: ZWEI KLEIDERSTANGEN ÜBEREINANDER BRINGEN DOPPELT SO VIEL PLATZ IM SCHRANK. SO KÖNNEN SIE ALLES ÜBERSICHTLICH AUFHÄNGEN.

RECHTS: HÄNGEFÄCHER SIND PRAKTISCH, UM KLEIDUNG UND SCHUHE GUT SICHTBAR UNTERZUBRINGEN. DAS GLEICHE GILT FÜR TRANSPARENTE BOXEN.

BACARDI
LETTER
RICHARD JAMES
* BOOK TICKETS FOR COP
RING:
HANDY
9.30
2.30
12.

Fortsetzung

Hängeablagen

Varianten

- Eine offene Garderobe mit Kleiderstange ist ein absoluter Klassiker. Im Schlafzimmer ist sie allerdings fehl am Platz, weil sie optisch stören kann und nicht vor Verstauben und Ausbleichen schützt. Dauerhaft ist Kleidung in einer geschlossenen Aufbewahrung besser aufgehoben.
- Freistehende Schränke, die viel Raum in Anspruch nehmen und das Schlafzimmer beherrschen, haben viel an Popularität verloren. Allerdings sind sie eine gute und preiswerte Lösung, wenn es um eine überschaubare Menge an Kleidung geht. Am besten stehen sie in einer Nische.
- Einbauschränke gibt es in vielen verschiedenen Ausführungen vom Mitnahmemodell, das man selbst zusammenstellen kann, bis zur exklusiven High-End-Lösung. Wenn es sich räumlich einrichten lässt, sollte man eine ganze Wand für einen Kleiderschrank samt Stangen und Regalen einplanen.
- Verschließen Sie Ihre Hängeaufbewahrung mit Türen vor Sonne und Staub. Wenn der Platz knapp ist, verwenden Sie Jalousien oder Rollos, Falt- oder Schiebetüren.
- In Netzschläuchen mit Fächern, die an der Decke befestigt sind, können Kinder ihre Spielsachen einfach verstauen.

LINKE SEITE: DIESER EINBAUSCHRANK FÜR JACKEN UND MÄNTEL STEHT DIREKT NEBEN DER EINGANGSTÜR. SCHÖN UND PRAKTISCH: DIE INNENBELEUCHTUNG.

LINKS: TIEFE AUSZIEHBARE SCHRANKABTEILE MIT KLEIDERSTANGEN UND REGALBÖDEN SIND PASSGENAU UNTER DAS HOCHBETT PLATZIERT.

Gestelle & Halterungen

Gestelle, Halterungen, Hängeleisten und Haken sind ideal, um eine bestimmte Kategorie von Dingen unterzubringen – zum Beispiel Schlüssel und Küchenutensilien, Gürtel und Krawatten, Werkzeuge und Fahrräder. Darum eignet sich diese Art der Aufbewahrung besonders für Arbeitsräume, Küchen oder Garagen.

- Sie können Ihr System ganz einfach mit Material aus dem Baumarkt zusammenstellen. Küchen- und Badausstatter bieten eine ganze Reihe verschiedener Module, die Sie genau auf Ihr Platzangebot abstimmen können.
- Haken und Knäufe sehen am besten aus, wenn sie nebeneinander gruppiert statt willkürlich verteilt sind. Ein einzelner Haken – zum Beispiel an einer Bad- oder Schlafzimmertür – ist erfahrungsgemäß schnell überladen.
- Prüfen Sie, ob die Trägerelemente – also Drahtseil, Stange, Reling oder Leiste – für das, was Sie aufhängen wollen, robust genug und fest in Wand oder Decke verdübelt sind.
- An Wand- oder Deckenhaken für Schwerlasten, die es in jedem Baumarkt gibt, sind Fahrräder, Rasenmäher und andere große Objekte sicher aufgehoben. Prüfen Sie vor dem Kauf, wie viel Ihre Wand oder Decke tragen kann.

OBEN: SICHTBAR AUFGEHÄNGTE KÜCHENHELFER SIND NICHT NUR PRAKTISCH, SONDERN MITUNTER AUCH ÄUSSERST DEKORATIV.

RECHTS: AN ROBUSTEN HÄNGELEISTEN KANN MAN SO EINIGES AUFHÄNGEN - ZUM BEISPIEL KÜCHENROLLEN ODER STILTÖPFE.

TEA
SUC

Art in America
ARTnews
WHAT MAKES ART
EROTIC
THE NEW YORKER
700
SIDER'S GUIDE
Hudson Valley

Fortsetzung

Gestelle & Halterungen

Varianten

- Eine Reihe schlichter Haken im Eingangsbereich ist eine gute Aufbewahrung für Mäntel und Jacken, wenn der Platz für einen Schrank fehlt. Diese Lösung bietet mehr Platz als die üblichen Kleiderständer.
- Hängegestelle und Schienen sind nicht nur praktisch, sie können auch als Gestaltungsmittel in der Küche eingesetzt werden. Pfannen, Siebe und andere Utensilien machen sich gut über der Arbeitsfläche und sind dort außerdem schnell zur Hand. Hängen Sie nur das auf, was Sie oft benutzen, sonst müssen Sie die Sachen unnötig oft spülen.
- Handtuchwärmer sind nicht nur ideal, um benutzte Handtücher zu trocknen. In kleinen Bädern können sie sogar die Heizung ersetzen.
- Nutzen Sie die Innenseiten von Schranktüren zum Aufbewahren von Gürteln und Krawatten oder Topfdeckeln und Putzsachen.
- Gestelle und Halterungen sind die perfekte Lösung, um Werkzeuge und andere Hilfsmittel zu organisieren. Verwenden Sie Haken oder Winkel, um die Gegenstände an einer Lochwand aufzuhängen. Aufgezeichnete Umrisse machen es einfacher, die Werkzeuge nach Gebrauch wieder einzusortieren, und Sie wissen genau, wenn etwas fehlt.

OBEN: IN DIESER HALTERUNG ÜBER DER SPÜLE KÖNNEN DIE TELLER NACH DEM SPÜLEN TROCKNEN.

LINKS: EINE ALTE HOLZLEITER MACHT SICH GUT ALS EXTRAVAGANTER ZEITSCHRIFTENSTÄNDER.

Regalsysteme

Regalsysteme sind das fehlende Glied zwischen Einbaumöbeln und klassischen Aufbewahrungsmöbeln. Eine ganze Reihe von Modellen steht frei im Raum und kann darum leicht umgruppiert werden. Die meisten Systeme sind relativ einfach gehalten und wirken für sich manchmal etwas farblos. Viele sind modular aufgebaut und können durch einfaches Anbauen beliebig erweitert und individuell angepasst werden. Vom offenen Regal mit breiten Borden oder schmalen Fächern bis zur Kombination mit Schubladen und Türen ist alles möglich. Die einfachsten Systeme bestehen aus schlichten Würfeln, die man nach Lust und Laune stapeln und aneinanderreihen kann. Weil sie flexibel kombiniert werden können, sind sie die perfekte Lösung, wenn man öfter umzieht.

Neben ihrer eigentlichen Funktion können Regalsysteme auch als Raumteiler in einem Loft oder einem Multifunktionsraum eingesetzt werden. Mit einem rechtwinklig zur Wand platzierten Regal kann man beispielsweise die Küche vom Essbereich oder eine Arbeitsecke im Wohnzimmer abtrennen. Anders als bei einer gemauerten Wand können so Licht und Luft frei durch den Raum fluten, besonders, wenn nur wenige Objekte präsentiert werden.

OBEN: DIESES MODULARE WANDSYSTEM KOMBINIERT OFFENE FÄCHER MIT GESCHLOSSENEN SCHRANKEINHEITEN.

RECHTS: EIN REGAL AUF RÄDERN DEFINIERT DIE RAUMAUFTEILUNG UND LÄSST GLEICHZEITIG LICHT BIS IN DIE HINTERSTE ECKE.

Fortsetzung

Regalsysteme

Praktische Überlegungen

- Wenn Sie sich für ein Regalsystem entscheiden, prüfen Sie, ob es für Ihre Zwecke auch wirklich robust genug ist. Günstigere Systeme sind ohne zusätzliche Wandbefestigung oft zu instabil und kippen leicht. Bevorzugen Sie im Zweifelsfall Modelle mit stabilen Stützkreuzen.
- Aufbewahrungssysteme aus Stahl oder Drahtgeflecht für den Profibereich sind besonders stabil und belastbar. Viele sind schön schlicht und machen auch in Wohnräumen eine gute Figur.
- Mobile Module wie Rollcontainer bringen noch mehr Flexibilität bei der Raumgestaltung. Sie sind besonders praktisch, weil man sie einfach zur Seite rollen kann, wenn sie nicht gebraucht werden. Einige Küchenmodule haben ein Schneidebrett als Abdeckung und sparen so Platz auf der Arbeitsplatte.
- Neben großen Regalelementen gibt es auch eine ganze Reihe kleiner Lösungen für besondere Aufgaben – zum Beispiel das Aufbewahren von CDs und DVDs. Diese gehören zu den Dingen, die sich in fast jedem Haushalt explosionsartig vermehren. Ein modulares System passt sich der wachsenden Sammlung an und ist optisch weit ansprechender als ein Sammelsurium verschiedener Behälter.

OBEN: EINE HOLZKOMMODE AUF RÄDERN IST EINE SCHÖNE ALTERNATIVE ZUM ÜBLICHEN ROLLCONTAINER.

LINKS: SCHLICHTHEIT ZEICHNET VIELE MODERNE REGALSYSTEME AUS, DIE SICH SO FAST JEDEM ZIMMER UND JEDEM EINRICHTUNGSSTIL ANPASSEN.

Einbaumöbel

Das Spektrum an Einbaumöbeln reicht vom Massenprodukt für Küche, Bad oder Schlafzimmer bis zum maßgefertigten Einzelstück. Zwar muss man dafür einen Teil der Grundfläche opfern, doch gerade in kleinen Räumen sind Einbaumöbel oft die beste Lösung. Das gilt besonders für Küchen und Bäder, wo die Raumaufteilung ohnehin durch die vorhandenen Anschlüsse bestimmt wird. Einbaumöbel müssen exakt geplant und montiert werden, damit sie richtig passen und gut aussehen.

OBEN: EINBAUMÖBEL KÖNNEN MILLIMETERGENAU NACH IHREN VORSTELLUNGEN GEBAUT WERDEN.

RECHTS: MASSGEFERTIGTE MÖBEL SIND NICHT NUR IN KÜCHEN UND BÄDERN EINE ELEGANTE LÖSUNG.

Praktische Überlegungen

- Ob Sie Fertigmöbel kaufen oder Schränke und Regale extra bauen lassen – ein sauber gezeichneter Plan ist der erste Schritt zu einer perfekten Lösung.
- Machen Sie eine grobe Skizze von dem Raum, in dem das Objekt stehen soll. Wenn Sie viel unterzubringen haben, erfassen Sie die komplette Wohnung, damit sie verschiedene Optionen ausprobieren können.
- Messen Sie jede Einzelheit des Raums akkurat aus. Selbst kleine Ungenauigkeiten können gravierende Folgen haben.
- Erstellen Sie auf Millimeterpapier einen maßstabsgetreuen Plan. Zeichnen Sie sämtliche Details wie Fenster, Türen oder Strom- und Wasseranschlüsse ein.
- Gehen Sie mit Ihrem Plan zu einem Innenarchitekten oder Möbelbauer, um die Details zu besprechen.
- Beziehen Sie die Abmessungen und Menge dessen, was Sie unterbringen wollen, in Ihre Planung ein.
- Behalten Sie im Hinterkopf, dass Türen und Schubladen einen gewissen Platz zum Öffnen brauchen.

OF CONTEMPORARY WORLD ARCHITECTURE

Fortsetzung

Einbaumöbel

Entwurf & Konstruktion

- Denken Sie raumgreifend und nicht nur in Standardmaßen. Planen Sie Ihre Einbaumöbel in voller Wandhöhe und nutzen Sie in Altbauten auch die Nischen beiderseits des Kamins komplett aus.
- Achten Sie darauf, dass Sie in Küche und Bad nicht wichtige Anschlüsse wie den Hauptwasserhahn mit Ihren Einbauten blockieren.
- Wenn Sie es minimalistisch lieben, entscheiden Sie sich für plane Verkleidungen und Türen mit Schnappverschlüssen sowie einen Anstrich in der Farbe der Wand.
- Für einen luftigeren Look bieten sich halbtransparente Türen oder Plexiglasfronten an. Mit einer indirekten Beleuchtung wirkt das Ganze besonders edel.
- Wenn Sie das Grundgerüst des Einbausystems aus kostengünstigem Material bauen, bleibt mehr Budget für Türen, Blenden und andere sichtbare Elemente.
- Lassen Sie sich nicht dazu verleiten, den Einbau selbst zu übernehmen, wenn Sie sich Ihrer Sache nicht wirklich sicher sind. Mitnahmemöbel für Küchen und Bäder haben so ihre Tücken. Viele Einrichtungshäuser bieten einen Planungsservice nach den von Ihnen ermittelten Maßen und übernehmen auch die Montage.
- Wenn Sie viel Stauraum brauchen und entsprechend aufwändig planen müssen, lohnt es sich meist, einen Profi hinzuzuziehen.

OBEN: EINE VERDECKTE LICHTLEISTE AM OBEREN ENDE DES EINBAUSCHRANKS SCHAFFT WEICHES LICHT UND EINE BERUHIGTE ATMOSPHÄRE.

LINKS: TÜREN AUS GEBÜRSTETEM EDELSTAHL BELEBEN DIE WANDFÜLLENDE KÜCHENZEILE MIT SPANNENDEN LICHTREFLEKTIONEN.

Innenausstattung

Egal, ob Sie sich Ihr Aufbewahrungssystem in einem Einrichtungshaus von der Stange kaufen oder von einem Spezialisten nach Maß fertigen lassen – Sie verschaffen sich damit viel zusätzlichen Platz. Die meisten Einbaumöbel bestehen aus Standardmodulen, die nicht unbedingt Ihren Anforderungen entsprechen. Darum sollten Sie in eine durchdache Innenausstattung investieren, um Ihre neu erworbenen Schränke und Schubladen optimal nutzen zu können.

- Viele Einrichtungshäuser haben eine ganze Reihe praktischer, platzsparender Accessoires vom Tellerhalter bis zum Schubladentrenner im Angebot.
- Bei Regalen mit versetzbaren Böden können die Fächer individuell auf die Höhe ihrer Inhalte abgestimmt werden, um keinen Raum zu vergeuden.
- Mit Rondelleinsätzen bleibt auch in den Ecken der Küchenzeile kein Platz ungenutzt.
- Gestelle, Halterungen und andere Ordnungshelfer passen gut an die Innenseite von Schranktüren und sorgen dort für mehr Übersicht.
- Stauraum funktioniert nur dann gut, wenn man auch alles wiederfindet. Ein Verzeichnis oder eine Skizze ist besonders bei großen Aufbewahrungseinheiten eine wertvolle Gedächtnisstütze.
- Tiefe Schränke, Abstellkammern oder begehbare Kleiderschränke sollten eine eigene Beleuchtung haben, damit man bis in die letzte Ecke sehen kann. Integrierte Leuchten, die beim Öffnen der Tür automatisch angehen, sind eine gute Lösung für kleine Schänke. Größere Einheiten brauchen einen eigenen Lichtschalter.

LINKS: AUSZIEHBARE VORRATSSCHRÄNKE ZEIGEN AUF EINEN BLICK, WAS ALLES ZUM KOCHEN ODER PUTZEN VORHANDEN IST.

RECHTS: HÖLZERNE HALTERUNGEN IN TIEFEN SCHUBLADEN HALTEN AUCH SCHWERE TELLERSTAPEL KRATZ- UND BRUCHSICHER AN IHREM PLATZ.

AGA

Schränke & Kommoden

Aufbewahrungsmöbel gibt es in unendlich vielen Varianten und Stilen – von der Kommode mit oder ohne Spiegel bis zum Bücherregal, vom erlesenen Einzelstück bis zum schlichten Serienartikel mit pflegeleichter Oberfläche.

Viele Modelle wie Sideboards oder Truhen können flexibel für viele verschiedene Dinge genutzt werden, andere wie Aktenschränke dienen einem ganz bestimmten Zweck. Wenn Sie nicht lange an einem Ort wohnen oder keine Einbauten vornehmen möchten, sind solche Möbel eine sinnvolle Anschaffung, weil man sie beim Umzug einfach mitnehmen kann. Der Nachteil von freistehenden Möbeln liegt darin, dass sie mehr Standfläche beanspruchen als Einbaumsysteme. Große Teile können einen Raum regelrecht überfrachten. Ein Bett ist von Natur aus ein dominantes Möbelstück. Wenn sich noch ein Schrank und eine Kommode dazu gesellen, kann man sich unter Umständen im Schlafzimmer kaum noch umdrehen.

Unglücklich ist es auch, wenn man nachträglich Möbel kauft, die eigentlich nicht zum Rest der Einrichtung passen. Machen Sie sich daher möglichst früh Gedanken, wie Sie Ihren Platzbedarf mit einer Kombination aus Einbaumöbeln und freistehenden Elementen am elegantesten decken können.

LINKS: ANTIKE STÜCKE WIE DIESER HOLZSCHRANK MIT GLASTÜREN SIND EIN AUSGEFALLENER RAHMEN FÜR SCHÖNE SAMMLEROBJEKTE.

OBEN: MÖBEL AUS DER MITTE DES 20. JAHRHUNDERTS WURDEN FÜR KLEINE HÄUSER ENTWORFEN UND SIND DARUM WENIGER DOMINANT ALS ÄLTERE DESIGNS.

Fortsetzung

Schränke & Kommoden

Varianten

- Als echter Aufbewahrungsklassiker erfreut sich die Küchenanrichte nach wie vor großer Beliebtheit. Sie bildet unabhängig vom Einrichtungsstil einen attraktiven logistischen und optischen Mittelpunkt in der Küche. Das gleiche gilt für Retromöbel wie Frisierkommoden, die einem Raum das gewisse Extra verleihen.
- Zeitgemäße Aufbewahrungsmöbel sind schlichter und schlanker als ihre Vorgänger. Die Neuauflage des klassischen Sideboards präsentiert sich als langgezogener horizontaler Schrank, der besonders in Multifunktionsräumen viel Gestaltungsspielraum lässt.
- Aufbewahrungsmöbel wie Ladenregale, Spinde oder alte Akten- und Planschränke, die eigentlich für den Einsatz in einem öffentlichen oder professionellen Umfeld gedacht sind, können im häuslichen Umfeld ausgesprochen erfrischend wirken. Sie sehen besonders gut in großen, offenen Räumen aus, die besser zu ihren Proportionen passen.
- Die Nachfrage nach Raumsparlösungen hat einen Trend zu multifunktionalen Möbeln ausgelöst. Eine beliebte Variante sind Betten mit integrierten Schubfächern oder Bänke mit Stauraum unter einer hochklappbaren Sitzfläche.

OBEN: EIN TRADITIONELLER GESCHIRRSCHRANK IST EIN INTERESSANTER BRUCH IN EINER ANSONSTEN GERADLINIGEN EINBAUKÜCHE.

RECHTS: SEIT EINIGEN JAHREN ERLEBT DAS SIDEBOARD EIN COMEBACK. DIESES HIER DIENT UNTER ANDEREM ALS AUSSTELLUNGSFLÄCHE FÜR EINE KERAMIKSAMMLUNG AUS DEN 1970ER JAHREN.

Sammelbehälter

Ob Pappschachtel oder Bonbonglas – ohne Sammelbehälter lässt sich ein Haushalt kaum organisieren. Mit ihrer Hilfe kann man Kleinteile verliersicher aufbewahren und nach dem Ordnungsprinzip »Gleiches zu Gleichem« sauber sortieren.

Boxen und Dosen sind nicht nur preiswert, sie sind auch sofort einsatzbereit, wenn sich mal wieder alles Mögliche ansammelt. So ist zum Beispiel mit ein paar Briefkörben aus dem Schreibwarenladen Ihr Papierkram ohne großen Aufwand im Handumdrehen erledigt. Und weil die meiste Unordnung daher rührt, dass man das lästige Aufräumen nur allzu gerne auf später verschiebt, ist das genau der richtige Ansatz.

Sammelbehälter sind die kleinsten Einheiten im Ablagesystem und sollten immer nach Art und Größe des Inhalts ausgewählt werden. Es gibt keine Universallösung, die immer passt. Ein Behälter, in dem einfach alles landet, was im Weg ist, hat seinen Zweck verfehlt und kann sogar zusätzlich Arbeit machen. Wenn Ihr Kind nur einen einzigen Korb für seine Spielsachen hat, wird der Inhalt aller Voraussicht nach jedes Mal komplett auf dem Boden landen, wenn es etwas Bestimmtes sucht.

LINKS: GEFLOCHTENE RATTANBOXEN UNTER DEM WASCHBECKEN BIETEN VIEL PLATZ FÜR KOSMETIK, HANDTÜCHER UND TOILETTENPAPIER.

OBEN: SELBST KLEINE BEHÄLTER SIND EINE GROSSE HILFE, WENN SIE ARTVERWANDTES ÜBERSICHTLICH SORTIEREN WOLLEN.

Fortsetzung

Sammelbehälter

Praktische Überlegungen

- Auf die Größe kommt es an. Kleine Dinge sind in kleinen Behältern oder Fächern am besten aufgehoben, Sachen mit großen Maßen oder Stückzahlen brauchen logischerweise mehr Platz.
- Behälter, die sichtbar aufbewahrt werden, sollten einen einheitlichen Look haben – zum Beispiel Vorratsbehälter, die durchweg aus Glas, Metall oder Plastik sind.
- Geben Sie Konservendosen, Schuhschachteln und anderen Verpackungen eine neue Bestimmung. Marmeladengläser zeigen direkt, was sie enthalten, blickdichte Behälter sollten beschriftet werden.
- Eine Farbcodierung ist eine gute Methode, um Boxen so zu kennzeichnen, dass auch kleine Kinder sie identifizieren können.
- Heben Sie Wertsachen nicht in verschließbaren Kästen auf. Ein Schloss ist für Einbrecher ein eindeutiger Hinweis, dass hier etwas zu holen ist. Deponieren Sie Ihren Besitz lieber in einem richtigen Safe oder einem Bankschließfach.
- Behälter sind auch praktisch, um den Inhalt von Schubladen und Schränken zu organisieren.
- Alte Hutschachteln, Truhen oder Koffer können ungewöhnliche und ausgesprochen attraktive Aufbewahrungen sein.
- Stabile Kunststoffbehälter mit Deckel sind perfekt, um Sachen dauerhaft zu verstauen.

OBEN: FÜR EINE GUTE ORGANISATION HINTER DEN KULISSEN GIBT ES VIELE PRAKTISCHE UND SCHÖNE BEHÄLTER - WIE DIESE SCHLICHTEN PAPPSCHACHTELN MIT VERSTÄRKTEN ECKEN.

RECHTS: IM KINDERZIMMER KANN MAN NIE GENUG BEHÄLTER HABEN. VOR ALLEM, WENN MAN DIE SACHEN VON MEHREREN KINDERN KLAR GETRENNT HALTEN WILL.

SID

Nischenlösungen

Wenn jedes Zimmer voll möbliert ist, gibt es auf den ersten Blick keinen Platz, noch mehr unterzubringen. Doch die meisten Wohnungen und Häuser haben ungenutzte Ecken, die man wunderbar als Stauraum nutzen kann.

Ausbau von Dach & Keller

Sie müssen Dach und Keller nicht zu einem vollwertigen Wohnraum umgestalten, um sie sinnvoll nutzen zu können. Im Dach genügt es, für eine stabile Treppe zu sorgen, einen zweckmäßigen Bodenbelag zu verlegen (Hartfaserplatten reichen dafür völlig aus) und eine Beleuchtung anzubringen. So können Sie bei minimalem Aufwand und Kosten den Dachboden als Lagerraum nutzen. Auch ein Keller ist dafür bestens geeignet. Weil er kühl und dunkel ist, sind bestimmte Vorräte – beispielsweise Wein – dort optimal aufgehoben.

- Verpacken Sie alles in stabile Boxen mit Deckel und legen Sie ein Inhaltsverzeichnis an.
- Dachbalken sind nicht so tragfähig wie Bodenbalken. Wenn Sie auf dem Dachboden schwere Dinge unterbringen wollen, müssen Sie unter Umständen den Boden verstärken.
- Wenn Sie Ihren Keller als Lagerraum nutzen wollen, prüfen Sie nach, ob er wirklich trocken ist.

OBEN: DIESER DACHBODEN WURDE ZU EINEM BÜRO UMGEBAUT, IN DEM MAN FERN VOM HÄUSLICHEN TRUBEL ARBEITEN KANN.

LINKS: DER GESTUFTE RAUM UNTER DER TREPPE BIETET VIEL PLATZ FÜR MOBILE UND FEST INSTALLIERTE AUFBEWAHRUNGSMÖGLICHKEITEN.

Fortsetzung

Nischenlösungen

Treppen, Dielen & Flure

Die Verkehrsflächen eines Hauses – also Treppen, Dielen und Flure – eignen sich hervorragend als Stauraum. Damit Unordnung erst gar nicht aufkommt, statten Sie sie mit Regalen oder Einbauschränken aus. Beziehen Sie die genutzten Laufwege bei Ihrer Planung mit ein: Von zwei Eingängen zu ein und demselben Zimmer wird erfahrungsgemäß nur einer ständig genutzt. Der zweite »verwaiste« leistet unter Umständen als Standort für den Kühlschrank oder ein Regal bessere Dienste.

- Deckenhohe Regale machen aus einem großen Eingangsbereich eine vollwertige Bibliothek. Wandfüllende Einbauschränke sind ein guter Platz für Schuhe und Jacken.
- Mit Wand- oder Deckenhalterungen lassen sich im Flur sogar Fahrräder unterbringen.
- Auf Treppenabsätzen ist meist auch für größere Aufbewahrungsmöbel genug Platz. Dort kann beispielsweise eine Wäschetruhe stehen, auf der man zusätzlich noch etwas aufstellen kann.
- Unter der Treppe kann eine Vielzahl von Dingen untergebracht werden. Wenn Sie eine flexible Aufbewahrungslösung bevorzugen, sind Container oder Regalelemente in unterschiedlichen Höhen eine gute Wahl. Mit maßgefertigten Möbeln können Sie den Raum bis zum letzten Kubikzentimeter nutzen.
- Wenn Sie Ihre Treppe nach Maß anfertigen lassen, planen Sie eine Stauraumlösung unter oder zwischen den Stufen gleich mit ein.

OBEN: FÜR DIESE STAURAUMLÖSUNG WURDEN GROSSE SCHUBLADENELEMENTE BÜNDIG UNTER EIN ZIMMERBREITES PODEST EINGEPASST.

RECHTS: EIN KOMPAKTES HOMEOFFICE NUTZT DEN RAUM UNTER EINER OFFENEN TREPPE KOMPLETT AUS. DER FLACHE HEIZKÖRPER IST EIN ECHTER RAUMSPARER.

Jussi Bjorling
TILL HAVS

Ausstellungsflächen

Alles, was Sie sichtbar aufbewahren, sollte entweder den Raum verschönern oder dauernd in Gebrauch sein. Einige Objekte erfüllen sogar beide Kriterien. Die Präsentation so fundamentaler Dinge wie Küchengeräte oder Obst und Gemüse ist ebenso praktisch wie ästhetisch. Die Rücken aneinandergereihter Bücher ergeben ein äußerst spannendes grafisches Muster.

Als Ausstellungsflächen bieten sich Tische, Kaminsimse, Vitrinen und natürlich Regale an. Auch Treppenstufen und -absätze sind dafür ein guter Platz. Mit Bildern und dekorativen Objekten bekommen diese ansonsten eher unscheinbaren Stellen einen eigenen Charakter.

- Geben Sie den Objekten, die Sie ausstellen, genügend Raum, damit sie wirken können.
- Stellen Sie nur aus, was absolut lichtecht ist und sich ohne großen Aufwand pflegen lässt.
- Effektlichter rücken dekorative Objekte noch mehr in den Fokus: Beleuchtung von hinten betont die Transparenz von Glas, Licht von der Seite akzentuiert Form und Struktur, ein Spot auf ein einzelnes Objekt sorgt für dramatische Effekte.
- Wenn Sie Ihre Exponate hin und wieder austauschen, wirkt der Raum immer wieder neu und anders.

LINKE SEITE: EIN ARRANGEMENT ÄHNLICHER OBJEKTE IST WEIT EINDRUCKSVOLLER ALS EINZELNE STÜCKE, DIE IM RAUM VERSTREUT SIND.

LINKS: HOHE REGALBORDE MIT AUSGEWÄHLTEN EXPONATEN BILDEN DIE OPTISCHE VERBINDUNG ZWISCHEN ZWEI RÄUMEN, DIE ZU EINEM VEREINT WURDEN.

Fortsetzung

Ausstellungsflächen

Sammlungen

Die meisten Menschen sind Sammler. Gerade wenn die Objekte ihrer Begierde nur banale Dinge sind, bestimmt deren schiere Menge den Wert der Sammlung.

- Die goldene Regel bei der Präsentation von Sammlungen lautet: alles an einem Ort – also in einem Rahmen an der Wand, auf einem Tisch oder in einer Vitrine. So kann man die Sammlung als Ganzes erfassen und sie kann richtig wirken. Eine Sammlung, die in der Wohnung verstreut ist, ist einfach nur eine Menge Kram.
- Ordnen Sie die einzelnen Objekte nach Thema, Farbe, Muster oder einem anderen Merkmal.
- Variationen in der Präsentationshöhe bringen mehr Spannung.
- Bei kleinen Sammlungen wirkt eine ungerade Anzahl an Objekten – also Dreier-, Fünfer- oder Siebenergruppen – harmonischer als eine gerade.

Bilder

- Gruppieren Sie Bilder oder Fotografien an einer Wand oder hängen Sie ein einzelnes Objekt auf, statt alles wild im Raum zu verteilen. Lassen Sie die restlichen Wände frei.
- Kleinformatige Bilder mit ähnlichem Thema sehen gruppiert am besten aus. Wenn alle dieselbe Größe haben, reihen Sie sie gleichmäßig auf. Wenn nicht, probieren Sie auf dem Boden verschiedene Kombinationen aus, bevor Sie sie aufhängen.

OBEN: EINE COLLAGE AUS POSTKARTEN, FOTOS UND MAGAZINBILDERN ÜBER DEM SCHREIBTISCH LIEFERT REICHLICH INSPIRATION.

RECHTS: GRUPPIEREN SIE IHRE SAMMLUNG NACH EINEM BESTIMMTEN SCHEMA, DAMIT MAN SIEHT, WAS ZUSAMMENGEHÖRT. DIESE HIER SCHEINT DANK DER WEISSEN REGALE VOR DER WAND ZU SCHWEBEN.

EINFÜHRUNG

BESTANDS-
AUFNAHME &
PLANUNG

KATEGORIEN &
TYPEN

RAUM FÜR RAUM

Multifunktionsbereiche

Multifunktional genutzte Räume reichen von der Küche mit Essplatz bis zum offenen Wohnkonzept, in dem alle Bereiche ineinander übergehen. Wenn ein Zimmer verschiedenen Aktivitäten dient, ist ein durchdachtes Raum- und Stauraumkonzept umso wichtiger. Damit das Wohnzimmer genug Platz zum Entspannen und Unterhalten bietet, sollte der Stauraum so zurückhaltend wie möglich sein. Darum sind Einbaumöbel in den meisten Fällen die beste Lösung

Planen Sie den Raum so, dass die einzelnen Bereiche zumindest ansatzweise voneinander getrennt sind. Gesellschaftliche Aktivitäten und Hobbys vertragen einen offeneren Raum, Tätigkeiten, die Konzentration erfordern, brauchen eine gewisse Abgeschiedenheit. Dafür kann eine Nische mit einem kleinen Schreibtisch schon ausreichen. Mit freistehenden Möbeln oder speziellen Raumtrennern kann man optisch und räumlich klar definierte Zonen schaffen. Wenn Ihr Wohnzimmer gleichzeitig Ihr Speisezimmer ist, können Sie die beiden Bereiche trennen, indem Sie das Sofa mit dem Rücken zum Essplatz stellen. Auch Teppiche sind ein gutes Gestaltungselement, um beispielsweise den Sitzbereich zu markieren und im Raum als Ruhezone zu verankern.

OBEN: FERNSEHER WIRKEN SEHR DOMINANT. DIESER HIER VERSCHWINDET SAMT ZUBEHÖR HINTER SCHIEBETÜREN AUS OPAKEM GLAS.

LINKS: VERSCHIEDEN GROSSE FÄCHER UND SCHRÄNKE ERLAUBEN EINE KOMBINATION AUS ZEIGEN UND VERSTECKEN. SO BRINGT DAS EINBAUSYSTEM OPTISCH MEHR RUHE UND KLARHEIT IN DEN RAUM.

Fortsetzung

Multifunktionsbereiche

Praktische Überlegungen

- Überlegen Sie, ob Sie eine der Aktivitäten, für die der Raum genutzt wird, in ein anderes Zimmer verlagern können. Wenn das nicht möglich ist, lässt sich vielleicht mehr Freiraum schaffen, indem Sie einen neuen Aufbewahrungsort für bestimmte Dinge einrichten – zum Beispiel ein Regal in der Diele für Ihre Bücher.
- Multifunktionsräume wirken am besten mit Einbaumöbeln mit verschiedenen Schränken für verschiedene Aktivitäten. Ein Homeoffice braucht nicht viel Platz, um funktional zu sein.
- Multifunktionale Möbel helfen, Platz zu sparen. Wenn das Wohnzimmer der einzige Raum ist, in dem Sie Übernachtungsgäste unterbringen können, sollten Sie in ein gutes Bettsofa investieren. Sparen Sie nicht am falschen Ende – billige Modelle sind weder als Sofa noch als Bett geeignet. Auch Klappmatratzen können eine gute Lösung sein, besonders, wenn man sie als zusätzliche Sitzmöbel nutzt.
- Ein Fenster mit verbreitertem Fensterbrett bietet die Möglichkeit, einen Sitzplatz mit eingebautem Stauraum zu schaffen.
- In einem offenen Wohnraum kann man die Küche mit einem Tresen wunderbar abtrennen.
- Ausziehbare oder klappbare Tischplatten sind perfekt für Ess- oder Arbeitsbereiche. Achten Sie darauf, dass sie gut gearbeitet sind, damit man sie problemlos nutzen kann.

OBEN: DER INTEGRIERTE SCHREIBTISCH IN DER EINBAUWAND IST EIN KOMPAKTER UND FUNKTIONALER ARBEITSPLATZ.

RECHTS: EINE LANGE HALBHOHE TRENNWAND DIENT ALS BETTHAUPT UND SCHIRMT DEN SCHLAFBEREICH VOM REST DES RAUMS AB.

FARGO
SCARFACE
LAROUSSE

Wohnzimmer

Das Wohnzimmer gehört zu den »öffentlichen« Bereichen des Hauses. Es dient in erster Linie der Entspannung und erst in zweiter Linie möglichen anderen Aktivitäten. Da es im Allgemeinen der Raum ist, der am sorgfältigsten eingerichtet ist, befinden sich dort meist auch die Dinge, die man gerne zeigen möchte.

Prinzipiell sollte man darauf achten, dass offene Flächen so leer und aufgeräumt wie möglich sind. Da Wohnzimmermöbel wie Sofas oder Sessel viel Raum einnehmen, sollte man vorzugsweise die Wände zum Schaffen von Stauraum nutzen. Regale und andere offene oder geschlossene Aufbewahrungslösungen sind platzsparender als freistehende Möbel, die auch optisch oft störend wirken.

Wohnzimmer sind von Haus aus Räume, die gemeinschaftlich genutzt werden. Das bringt natürlich die Gefahr mit sich, dass sich dort jede Menge Dinge ansammeln, die dem gesamten Erscheinungsbild nicht unbedingt zuträglich sind. Ein guter Trick, sich mehr Übersicht zu verschaffen, ist die Vorstellung, dass in einer halben Stunde Besuch kommt. Die Überlegung, was Sie aufräumen müssten und was komplett fehl am Platze wäre, hilft Ihnen dabei, Ihr Ablagesystem präzise zu planen.

LINKS: ALLES, WAS IM WOHNZIMMER STEHT, SOLLTE TEIL DES GESTALTERISCHEN GESAMTKONZEPTS SEIN.

OBEN: TIEFE REGALE IN DERSELBEN FARBE WIE FENSTERRAHMEN UND WANDVERTÄFELUNG FÜGEN SICH HARMONISCH IN DIE ARCHITEKTUR.

Fortsetzung

Wohnzimmer

Varianten

- Regale sind das beliebteste Aufbewahrungssystem im Wohnzimmer. In ihm finden alle typischen Wohnzimmerobjekte wie Bücher, Zeitschriften, CDs und DVDs Platz. Da sie immer im Blick sind, sollten sie entweder sehr dezent oder besonders schön gearbeitet sein.
- Besonders praktisch ist eine Kombination von offenen Fächern und geschlossenen Einheiten, hinter denen alles verschwindet, was optisch nicht überzeugt.
- Wohnzimmer werden immer mehr zum Multimediaraum mit jeder Menge Hard- und Software. Während Flachbildfernseher zwar groß, aber relativ dekorativ sind, wirken Röhrenbildschirme einfach nur mächtig. Sie hinter einer Schiebetür oder in einem Schrank verschwinden zu lassen, sorgt für eine entspannte und aufgeräumte Atmosphäre.
- Die technische Entwicklung bringt es mit sich, dass man denselben Film oft in mehreren Formaten besitzt. Entsorgen Sie alle Versionen, die Sie nicht mehr ansehen oder bringen Sie sie in einem anderen Raum unter.
- Bewahren Sie Ihre Lieblings-CDs und -DVDs dort auf, wo Sie sie abspielen, und heben Sie die übrigen in beschrifteten Boxen auf.
- Sorgen Sie für ausreichend Verteilersteckdosen und verstauen Sie alle Kabel in Kabelkanälen, damit sie nicht als Stolperfalle herumliegen.

OBEN: EIN KAMIN IST EINDEUTIG EIN SCHÖNERER BLICKFANG ALS EIN FERNSEHER. EIN KLEINER SCHRANK UND EIN NIEDRIGER ABLAGETISCH RÜCKEN IHN OPTISCH NOCH MEHR IN DEN MITTELPUNKT.

RECHTS: MUSIKANLAGE UND CD-SAMMLUNG SIND DEZENT IN EINEM REGAL IN DER ECKE UNTERGEBRACHT.

10×10
marc newson
California Interiors
neufert
The House Book
MOUNTAINEER
THE CARD

Küchen

Funktionale Küchen basieren auf guter Planung und einem durchdachten Organisationssystem. Wenn man mitten im Kochen ist, muss man ohne lange nachzudenken auf alles zugreifen können. Und man muss sich sicher sein, dass die Zutaten – egal ob frisch oder konserviert – in optimalem Zustand sind. Essen, diskutieren, experimentieren – die Küche wird immer mehr zum Zentrum unterschiedlichster Aktivitäten, die alle nach eigenem Stauraum verlangen.

Ausgangspunkt bei der Planung jeder Küche ist das »Arbeitsdreieck« Kühlschrank – Spüle – Herd. Die wichtigste Faustregel dabei lautet: Der Weg zwischen diesen Aktionszentren sollte insgesamt nicht mehr als 6 Meter betragen. Je nach den räumlichen Gegebenheiten gibt es dann unterschiedliche Möglichkeiten, die Küche zu strukturieren: einzeilig, in L-Form, in U-Form, zweizeilig und als offene oder halboffene Kochinsel. Zweizeilige Küchen sind ideal, wenn der Platz knapp ist, Kochinseln brauchen deutlich mehr Grundfläche.

Besonders exakt muss der Raum zwischen Spüle und Herd geplant werden. Hier sollte nur das stehen, was Sie zum Vorbereiten und Zubereiten Ihrer täglichen Mahlzeiten benötigen. Alles andere – Vorräte und Gerätschaften, die Sie seltener brauchen – kann etwas weiter weg untergebracht werden.

LINKS: OFFENE REGALE ZEIGEN EINE BUNTE MISCHUNG VON GLÄSERN UND GESCHIRR, DIE DER KÜCHE IHREN BESONDEREN CHARME GIBT.

OBEN: DIE LÄNGSTE ARBEITSFLÄCHE GEHÖRT ZWISCHEN SPÜLE UND HERD. IN DEN DARÜBER MONTIERTEN EINBAUSCHRÄNKEN IST ALLES ORDENTLICH VERSTAUT.

Fortsetzung

Küchen

Praktische Überlegungen

- Sehen Sie Vorräte und Utensilien regelmäßig durch. Werfen Sie alle Lebensmittel weg, deren Mindesthaltbarkeitsdatum überschritten ist. Arbeitsgeräte, die Sie selten oder nie in die Hand nehmen, rauben Ihnen wertvollen Platz.
- Überdenken Sie Ihre Einkaufsgewohnheiten, wenn Ihnen viele frische Lebensmittel verderben. Kaufen Sie nichts in großen Mengen, nur weil es im Angebot ist.
- Gewürze und getrocknete Kräuter vertragen kein direktes Licht. Am besten sind sie in einem Gewürzregal im Schrank aufgehoben.
- Mit Schubladentrennern, höhenverstellbaren Einlegeböden und ausziehbaren Einsätzen können Sie Einbauschränke nach Ihren Vorstellungen einrichten.
- Alles, was Sie offen auf Borden, an Haken oder Stangen aufheben, sollte täglich benutzt werden. Kleine Elektrogeräte, die Sie nur gelegentlich einsetzen, gehören in den Schrank.
- Heben Sie Messer immer separat auf – in einem Messerblock, an einer Magnethalterung oder in einer flachen Schublade.
- Achten Sie darauf, dass Ihr Kühlschrank richtig arbeiten kann. Stellen Sie ihn nicht neben Herd oder Heizung, tauen Sie ihn regelmäßig ab und überfüllen Sie ihn nicht.
- Gefrierschränke sind am effizientesten, wenn sie komplett gefüllt sind. Beschriften und datieren Sie Selbstgekochtes, bevor Sie es einfrieren.

OBEN: IN DIESEM FLASCHENREGAL HINTER TÜREN WIRD DER WEIN LIEGEND GELAGERT UND IST ZUDEM VOR LICHTEINFALL UND TEMPERATURSCHWANKUNGEN GESCHÜTZT.

RECHTS: TEE, KAFFEE UND ZUCKER IN LUFTDICHTEN BEHÄLTERN SIND NAHE BEIM WASSERKESSEL ODER -KOCHER AM RICHTIGEN PLATZ.

Essbereiche

Separate Esszimmer werden langsam zur Seltenheit. Die meisten Menschen bevorzugen einen Essplatz in der Küche oder einen offenen Bereich, in dem Kochen, Essen und Wohnen parallel stattfinden. Für welche Lösung Sie sich auch immer entscheiden – eine Aufbewahrungsmöglichkeit für Teller, Gläser und Besteck werden Sie brauchen, am besten neben dem Esstisch und nicht zu weit von Spüle und Spülmaschine entfernt.

In Anrichten oder klassischen Geschirrschränken ist meist genug Platz für das täglich genutzte Essgeschirr. Alternativ bieten sich Einbauschränke oder offene Regale für die Aufbewahrung an. Auch hier gilt die Regel: Alles, was offen steht, sollte ständig in Gebrauch sein, sonst staubt es ein.

- Schmale Regale sind perfekt für Geschirr und Gläser. So vermeiden Sie es, dass die Teile beim Herumschieben angeschlagen werden.
- Sortieren Sie Ihr Geschirr nach Art, Größe und Muster und stapeln Sie nicht mehr als acht Teile übereinander.
- Tellerhalter verhindern, dass Teller beim Stapeln verkratzen.
- Schubladentrenner sind unverzichtbare Hilfen zum Sortieren von Besteck. Teile aus Silber immer separat aufbewahren, am besten in Filzbeuteln oder filzbezogenen Kästen.
- Sortieren Sie Gläser nach Größe und Art und stellen Sie sie nie mit der Öffnung nach unten.
- Empfindliche Tassen nicht am Henkel aufhängen, denn das ist ihre schwächste Stelle.

LINKS: MIT EINEM TEPPICH KANN MAN DEN ESSBEREICH IN EINEM MULTIFUNKTIONSRAUM DEFINIEREN. DIESER HIER GREIFT DIE RUNDUNG DES TISCHS AUF.

OBEN: GESCHIRRSCHRÄNKE SIND ECHTE KLASSIKER ZUM AUFBEWAHREN VON ALLEM, WAS MAN FÜR DIE TÄGLICHE MAHLZEIT IM KREIS SEINER LIEBEN BRAUCHT.

Badezimmer

Wie auch in Küchen gibt es in Badezimmern feste Anschlüsse. Weil die Räume außerdem meist relativ klein sind, ist ein Einbausystem die eleganteste Lösung, um genügend Stauraum zu schaffen. Außerdem kann man so Waschbecken, Toilette, Badewanne und Dusche zu einem ästhetischen Ganzen verbinden. Viele Badspezialisten und Einrichtungshäuser bieten einen Planungsservice mit Hausbesuch. Oder Sie beauftragen einen Innenarchitekten, Installateur oder Schreiner.

Varianten

- Waschtische gibt es in vielen Formen und Größen: mit Wandschrank, flachem Hochschrank oder Unterbauschrank mit integriertem Waschbecken.
- Wenn Sie Toilette und Waschbecken an der Wand montieren, können Sie Spülkasten und Anschlüsse hinter einer Verkleidung verstecken, die auch als Stauraum dient.
- Eine Einbaubadewanne bietet an den Stirnseiten Platz für Regale. Hinter der Verkleidung kann man je nach Wannentyp sogar Schränke einbauen.
- Für freistehende Möbel wie Garderobenschränke und Truhen gibt es nur in wirklich großen Bädern genügend Stellfläche.
- In Nassräumen mit bodengleichen Duschen lässt sich nur wenig unterbringen, da der Raum erfahrungsgemäß viel feuchter wird als bei Duschen mit Wanne.

OBEN: DIESER WASCHPLATZ IST EXAKT IN DIE FENSTERNISCHE EINGEPASST. DAS HOLZREGAL AM WASCHBECKEN DIENT ALS GERÄUMIGE ABLAGE.

RECHTS: DIESER FREISTEHENDE WÄSCHESCHRANK IST EIN SCHÖNER BLICKFANG IM BAD. DER TOILETTENKASTEN SITZT HINTER EINER SCHLICHTEN VERKLEIDUNG.

Fortsetzung

Badezimmer

Praktische Überlegungen

- Die meisten Kosmetika haben eine Haltbarkeitsdauer von ungefähr sechs Monaten, und abgelaufene Medizin ist ein Gesundheitsrisiko. Zwei gute Gründe, den Inhalt Ihres Badeszimmerschranks regelmäßig zu kontrollieren.
- In einem Gemeinschaftsbad ist es sinnvoll, jedem Benutzer seinen eigenen Bereich zuzuordnen. Eine einfache Lösung ist eine Hakenleiste, an der alle ihren Waschbeutel aufhängen können.
- Pflegeprodukte und Toilettenartikel, die Sie jeden Tag benutzen, sind auf offenen Regalen gut platziert.
- Putzmittel sind kein besonders schöner Anblick und darum in einem Schrank weit besser aufgehoben.
- Lagern Sie den Vorrat an Toilettenpapier außerhalb des Bades. Die meisten Bäder sind auch zu klein, um alle Handtücher dort unterzubringen.
- Wandschränke mit Spiegel und integriertem Licht sind eine besonders platzsparende Variante der Badaufbewahrung.
- Zahnbürsten gehören in eine Halterung an der Wand oder in einen Becher, damit sie nach dem Benutzen trocknen können.
- Seife in einer Seifenschale oder auf einem Seifenhalter aufbewahren, sonst wird sie zu weich.
- Handtuchwärmer halten die Badetücher warm und trocken und heizen außerdem den Raum.
- Kleine Rollcontainer sind eine dekoraktive Aufbewahrung für Handtücher und Pflegeprodukte.
- Körbe mit oder ohne Deckel schaffen ohne viel Aufwand mehr Stauraum im Bad.

LINKS: EINE NIEDRIGE HOLZBANK IST EINE SCHLICHTE UND SCHÖNE AUFBEWAHRUNG FÜR FRISCHE HANDTÜCHER UND PFLEGEPRODUKTE.

OBEN: MIT EINER INTEGRIERTEN LÖSUNG KANN MAN ANSCHLÜSSE ELEGANT VERSTECKEN UND GLEICHZEITIG ZUSÄTZLICHE ABLAGEFLÄCHE SCHAFFEN.

Schlafzimmer

Ein Schlafzimmer ist der privateste und persönlichste Raum einer Wohnung, in dem man nach einem langen Tag zur Ruhe kommen und am nächsten Morgen erholt aufwachen möchte. Meist ist hier auch der größte Teil der Kleidung untergebracht. Damit Schränke und Kommoden das Zimmer nicht dominieren und ungemütlich machen, ist umsichtige Planung besonders wichtig.

Naturgemäß ist das Zentrum des Schlafzimmers ein ziemlich großes Möbelstück – das Bett. Darum ist auch hier ein Einbausystem die bessere Lösung, da sie deutlich weniger Platz in Anspruch nimmt als einzelne freistehende Möbel. Wenn Ihr Schlafzimmer Nischen hat, können Schränke oder Kommoden auch dort gut stehen, ohne dass allzu viel Bodenfläche verloren geht.

Ein wichtiger erster Schritt ist auch hier die Überlegung, was Sie alles besitzen. Umfragen haben gezeigt, dass die meisten Menschen nur rund 20 Prozent ihrer Kleidung auch wirklich tragen. Das heißt im Klartext, dass der Großteil des Stauraums, der für Kleidung vorgesehen ist, eigentlich verschwendet ist. Sortieren Sie darum alles aus, was Sie ein Jahr oder länger nicht mehr getragen haben, was Ihnen nicht passt, Ihnen nicht steht oder kaputt ist. Sinnvoll ist es auch, Kleidung nach saisonalen Aspekten zu sortieren, um das Platzproblem besser in den Griff zu bekommen.

OBEN: DIESER SCHRANK WIRKT DURCH SEINEN WEISSEN ANSTRICH WENIGER MASSIV. DER RAUM UNTER DEM BETT WIRD DURCH ROLLBOXEN SINNVOLL GENUTZT.

RECHTS: DIE EINBAUREGALE ZU BEIDEN SEITEN DES BETTS DIENEN GLEICHZEITIG ALS NACHTTISCH UND BÜCHERREGAL.

CORNWELL
ORGANIC CHEMISTRY

Fortsetzung

Schlafzimmer

Praktische Überlegungen

- Unterziehen Sie auch die übrigen Dinge in Ihrem Schlafzimmer einer kritischen Prüfung. Entfernen Sie alles, was nicht dort hingehört. Manche Menschen haben eine komplette Bücherei unter ihrem Bett, andere horten Zeitschriften oder CDs.
- Damit Ihre Kleidung knitterfrei und übersichtlich bleibt, planen Sie eine Kombination aus (übereinander montierten) Kleiderstangen, Regalen und Schubladen.
- Lassen Sie möglichst wenige Teile offen liegen oder hängen. Auf Regalen und Ständern staubt Ihre Kleidung ein und bleicht aus.
- Schuhe sind am besten auf einem Gestell im unteren Teil des Schranks, in eigenen Fächern oder Deckelboxen untergebracht.
- Nutzen Sie den Platz unterm Bett für voluminöse Teile wie Wolldecken oder Winterpullover. Manche Betten haben integrierte Bettkästen oder Schubladen.
- Überfüllen Sie Schränke und Kommoden nicht. Motten lieben zusammengepresste Kleidung.
- Richten Sie Schränke und Schubladen mit Gestellen, Halterungen und Trennstegen für Kleinteile ein.
- Es macht Sinn, Ihre Kleidung nach Art, Länge und Farbe zu ordnen. So sieht alles viel übersichtlicher aus.
- Festliche und teure Kleidung braucht besonderen Schutz. Heben Sie sie am besten in Kleidersäcken auf.

OBEN: EIN INTEGRIERTER NACHTTISCH MIT SCHUBLADE NIMMT KAUM PLATZ IN ANSPRUCH. DIE SCHWENKBARE WANDLEUCHTE BRINGT MEHR KOMFORT BEIM LESEN.

LINKS: EIN HELLER EINBAUSCHRANK VOR EINER HELLEN WAND FÄLLT KAUM INS AUGE. DIE BELEUCHTUNG VON OBEN IST EIN BESONDERS PRAKTISCHES EXTRA.

Ankleideräume

Für viele ist ein Ankleideraum der Inbegriff von Luxus. Manchmal kann es auch schlichtweg die effizienteste Art sein, den vorhandenen Raum zu nutzen. Und weil die Kleidung komplett ausgelagert wird, kommt zudem mehr Ruhe ins Schlafzimmer.

Ein Ankleideraum muss nicht groß sein, um funktional zu sein. Schon ein begehbarer Kleiderschrank oder eine Diele mit eingebauten Schränken und Regalen bietet normalerweise genug Platz für Ihre Kleidung. Beides sollte immer in der Nähe des Schlaf- oder Badezimmers liegen, also dort, wo man sich normalerweise an- oder auszieht. Noch besser eignet sich natürlich ein kleines Zimmer, das ansonsten kaum genutzt wird.

- Schrank- und Regalhersteller bieten eigene Systeme für Ankleideräume (oder spezielle Einbauelemente für Schlafzimmer).
- Versierte Schreiner fertigen Einbauten nach Ihrem Entwurf an.
- Die schlichte Version des Ankleidezimmers besteht aus einem Mix von Kleiderständern und Regalen hinter einer Tür oder Schiebewand.
- Absolut unverzichtbar ist ein Spiegel, in dem Sie sich von Scheitel bis Sohle sehen können.
- Richtiges Licht ist ebenfalls sehr wichtig. Dazu gehören eine gute Grundbeleuchtung und separate Spots oder Lichtleisten für Schränke und Regale.

OBEN: EIN KOMPAKTER ANKLEIDERAUM KOMMT MIT EINER KLEIDERSTANGE UND EINER MODULAREN EINHEIT FÜR KLEIDUNG UND ACCESSOIRES AUS.

RECHTS: IN DIESEM MASSGEFERTIGTEN ANKLEIDERAUM GIBT ES DIE RICHTIGE AUFBEWAHRUNG FÜR JEDE ART VON KLEIDUNG: KLEIDERSTANGEN, SCHUBLADEN UND FÄCHER.

c d e f g h
l m n o p
u v w x y

Kinderzimmer

Kinder wachsen schnell, und genauso schnell wächst die Sammlung ihrer Schätze. Kindermöbel bringen in puncto Aufbewahrung nur wenig. Wählen Sie lieber ein robustes modulares System, das sich den unterschiedlichen Entwicklungsstufen Ihrer Kinder anpasst. Auf die Einkaufsliste gehören Regalmodule, Schubladenelemente, Kleiderstangen und Rollcontainer.

OBEN: IN DIESEM WANDSCHRANK SIND BÜCHER IMMER ZUR HAND UND SPIELSACHEN LEICHT ZU FINDEN.

LINKS: EINE GANZE REIHE GERÄUMIGER SCHUBLADENKÄSTEN BIETET UNENDLICH VIEL STAURAUM FÜR DIE KLEINEN.

Alter & Phasen

- Am besten halten Sie Schritt mit der Entwicklung Ihres Kindes, wenn Sie sich feste Termine zum Ausmisten von Kleidung und Spielsachen setzen. Was noch gut in Schuss ist, geht an jüngere Geschwister oder Freunde oder zur Kleidersammlung.
- Baby- und Kleinkindartikel wie Kinderwagen oder Hochstühle sind sperrig. Zusammenklappbare Modelle machen sich klein, wenn sie nicht gebraucht werden.
- Kleine Kinder brauchen viel Platz zum Spielen. Überlegen Sie, ob Sie räumlich umdisponieren und Ihrem Nachwuchs eines der größeren Zimmer statt des Kinderzimmers in Standardgröße überlassen können.
- Für Schulkinder und Jugendliche sind Kombimöbel wie Betten mit integriertem Stauraum eine gute Anschaffung.
- Mit niedrig angebrachten Haken und Stangen können kleine Kinder ihre Sachen alleine wegräumen.
- Planen Sie viel Platz für Spielsachen, Bücher, Zeichnungen und andere Erinnerungsstücke ein. Kinder lieben es, ihre Sachen um sich zu haben.

Fortsetzung

Kinderzimmer

Sammelbehälter

Vom Pappkarton bis zum Marmeladenglas gibt es keinen Behälter, der im Kinderzimmer nicht eine neue Bestimmung finden könnte. In den ersten Lebensmonaten Ihres Kindes passen seine Spielsachen noch in eine einzige Box. Die sollte auf jeden Fall leicht zu tragen und stabil sein. Später kaufen Sie einfach Boxen dazu, am besten in unterschiedlichen Farben für verschiedene Arten von Spielsachen. Besonders praktisch sind Stapelboxen und Container auf Rollen, die unter dem Bett verschwinden.

Tipps für den Alltag

- Heben Sie wichtige Unterlagen wie Geburtsurkunden, Impfpässe oder Schulzeugnisse in einem Extraordner auf.
- Sammeln Sie Schulmitteilungen und Stundenpläne an einem Ort, am besten zusammen mit Ihren anderen aktuellen Informationen.
- Ein Familienkalender, der zentral aufgehängt ist, erinnert an alle anstehenden Termine.

Sicherheit

- Sorgen Sie dafür, dass hohe und schwere Möbel sicher an der Wand verankert sind, damit sie nicht absichtlich oder unabsichtlich umgeworfen werden können.
- Hochbetten müssen unbedingt gewisse Sicherheitskriterien erfüllen. Kinder unter fünf Jahren sollten noch nicht oben im Bett schlafen.
- Bringen Sie im unteren Bereich der Schränke keine Glastüren an.
- Schließen Sie giftige Substanzen wie Reinigungsmittel, Farbe, Kleber, Pflanzenschutzmittel und Medizin sicher weg.

OBEN: LEICHT ZUGÄNGLICHE AUFBEWAHRUNGEN ERMUTIGEN KINDER, SICH SELBST UM IHRE SACHEN ZU KÜMMERN.

RECHTS: DER WICKELAUFSATZ ÜBER DEM KINDERBETT SPART VIEL PLATZ IN DIESEM KLEINEN ZIMMER.

Arbeitsbereiche

Wasch- und Wirtschaftsraum, Werkstatt und Homeoffice müssen viele verschiedene Anforderungen erfüllen. Darum kommen sie ohne ein gutes Stauraumkonzept nicht aus. Weil diese Räume meist abseits liegen, werden sie gerne als Rumpelkammer genutzt, wo auch Dinge landen, die eigentlich ganz woanders hingehören. Sortieren Sie im ersten Schritt alles gründlich aus und ordnen Sie dann Geräte, Werkzeuge und Zubehör so, dass Sie Ihre Aufgaben schneller und leichter erledigen können.

Wasch- & Wirtschaftsräume

- In einem abgetrennten Wirtschaftsraum sollten neben Waschmaschine und Trockner nur Hilfsmittel wie Staubsauger oder Bügelbrett stehen. Gartengeräte gehören dort nicht hin.
- Wenn Sie keinen freien Raum haben, platzieren Sie Ihre Waschmaschine in Bad oder Küche. Sie können sie auch in einem stabilen Schrank unterbringen und darüber Regale für Wäschekörbe montieren. Mit einem Bügelbrett zum Ausziehen oder Ausklappen sparen Sie zusätzlich Platz.
- Wäsche sollte immer in der Nähe von Bad oder Schlafzimmer an einem trockenen Ort aufbewahrt werden – in einem extra Wäscheschrank, im Schlafzimmerschrank oder in einer Kommode.
- Benutzen Sie Bettlaken und Handtücher immer abwechselnd, damit sie im Schrank nicht vergilben.

OBEN: DIESE EINBAUREGALE HABEN VIEL PLATZ FÜR WÄSCHE UND PUTZSACHEN. MIT DER RICHTIGEN ORGANISATION GEHT DIE HAUSARBEIT SCHNELLER VON DER HAND UND MACHT AUCH MEHR SPASS.

LINKS: EIN EIGENES BÜRO IN EINER RUHIGEN ECKE DES HAUSES IST EIN MUSS, WENN MAN DAHEIM VOLLZEIT ARBEITET.

Fortsetzung

Arbeitsbereiche

Homeoffice

- Wählen Sie einen Standort, der räumlich und gefühlsmäßig vom Rest des Haushalts abgeschlossen ist: ein ausgebautes Dach, ein Gästezimmer, eine große Diele oder ein ausgelagertes Gebäude wie einen Schuppen.
- Platzieren Sie alles, was Sie ständig brauchen, auf oder neben Ihrem Arbeitsplatz.
- Büromaterial und Unterlagen zu laufenden Projekten sollten griffbereit auf Regalen, in Schubladenelementen oder Aktenschränken untergebracht sein.
- Abgeschlossene Projekte sollten aufgehoben, aber dauerhaft weggepackt werden.
- Modulare Behälter wie Schuber oder Sammelboxen sorgen im Regal für ein einheitliches und schönes Bild.

Werkstatt, Garage und Schuppen

- Viele Menschen kaufen sich Werkzeuge, die dann nur selten im Einsatz sind. Überlegen Sie, ob Sie Geräte nicht lieber leihen oder mieten, wenn Sie sie brauchen.
- Ordnen Sie Werkzeuge nach ihrem Einsatzgebiet. Gartenutensilien machen neben den Autowerkzeugen nur wenig Sinn.
- Mit Hänge- und Regalsystemen können Sie die komplette Wandfläche nutzen.
- Viele Anbieter haben stabile Aufbewahrungssysteme im Programm, die speziell für Garage und Werkstatt gedacht sind.
- Werkzeugkästen mit flexibler Innenaufteilung sind perfekt, um Kleinteile zu organisieren. Heben Sie Nägel und Schrauben sauber sortiert in beschrifteten Behältern auf.

LINKS: IN KÖRBEN UND ANDEREN BEHÄLTERN SIND WERKZEUG UND MATERIAL IM KREATIVRAUM GUT AUFGEHOBEN.

RECHTS: IN EINER DIELE ODER EINEM ZWISCHENGESCHOSS IST OFT EINE ECKE FÜR EINEN EINFACHEN ARBEITSPLATZ FREI.

Stichwortverzeichnis

Bildnachweis

Der Herausgeber dieses Buchs dankt der Red Cover Picture Library für die Nutzungsgenehmigung zu folgenden Bildern:

2 David George; 6–7 Chris Tubbs (Design: Maiden); 10 Catherine Gratwicke; 11 Winfried Heinze; 12 Simon Scarboro; 13 Paul Ryan-Goff; 16 Mike Daines; 17 Andrew Wood; 18 Alun Callender; 19 Winfried Heinze (Design: Lisa Weeks; Möbeldesign: Amy Somerville); 20 Alun Callender; 21 Winfried Heinze (Design: Orla Kiely); 22 Ed Reeve (Design: Jona Warbey); 23 Richard Powers; 24 Paul Massey; 25 Sarah Hogan (Styling: Katie Sellers); 26 Practical Pictures; 27 Johnny Bouchier; 28 Simon Scarboro; 29 Karyn Millet (Design: Michael Fullen / Susan Adams); 30 Ashley Morrison; 31 James Balston (Architektur: David Cook & Akoko Kubayashi); 32 Douglas Gibb; 33 David George; 36 Jake Fitzjones; 37 Paul Massey; 38 James Balston (Design: Sally Dernie); 39 Fabio Lombrici; 40 Henry Wilson; 41 Simon McBride; 42 Andrew Twort (Design: Michael Reeves); 43 Lucinda Symons; 44 Henry Wilson; 45 Chris Tubbs; 46 Simon McBride; 47 Winfried Heinze (Design: Orla Kiely); 48 Sophie Munro; 49 Paul Massey; 50 Simon Scarboro; 51 Andrew Wood; 52 Alun Callender; 53 Paul Ryan-Goff; 54 David George; 55 Henry Wilson; 56 James Balston (Architektur: Gianni Botsford); 57 Simon Scarboro; 58 Jake Fitzjones; 59 Jake Fitzjones (Mowlem & Co); 60 Chris Tubbs (Design: Maiden); 61 Grant Scott; 62 Winfried Heinze; 63 Graham Atkins-Hughes; 64 Winfried Heinze; 65 Debi Treloar; 66 Victoria Gomez; 67 Jo Tyler (Architektur: Angus Shepard-Powell Tuck); 68 Kim Sayer; 69 Chris Tubbs (Architektur: Honky; Design: Honky Design); 70 Michael Freeman; 71 Alun Callender; 72 Chris Tubbs; 73 Winfried Heinze (Design: Orla Kiely); 74 Troy Campbell (Design: Briggs Solomon); 78 Mark York; 79 Christopher Drake (Design: Annie Stevens); 80 Winfried Heinze; 81 Henry Wilson; 82 Steve Dalton; 83 Graham Atkins-Hughes; 84 Paul Massey; 85 Paul Ryan-Goff; 86 Holly Joliffe; 87 Mark York (Design: Gul Coskun); 88 Simon McBride; 89 Nick Carter; 90 David Prince; 91 Ed Reeve; 92 Paul Ryan-Goff; 93 Jake Fitzjones (Design: Shani Zion); 94 Warren Smith; 95 Ed Reeve (Design: Monica Mauti Equihua); 96 Debi Treloar; 97 Grant Govier; 98 Jake Fitzjones; 99 Ken Hayden; 100 Jake Fitzjones; 101 Winfried Heinze (Design: Emily Todhunter); 102 Redcover; 103 James Balston; 104 Dan Duchars; 105 Jake Fitzjones (Architektur: Stuart Forbes Associates; ausführendes Unternehmen: The London Basement Company); 106 Henry Wilson (Design: Maria Speake); 107 Paul Massey; 108 Tria Giovan; 109 Ken Hayden.

Das Foto auf Seite 75 hat Chris Tubbs für Conran Octopus aufgenommen.

Aus dem Englischen übersetzt von Barbara Meder

1. Auflage

Titel der englischen Originalausgabe:
Essential Storage.
The Back to Basics Guide to Home Design, Decoration & Furnishing
2010 erstmals erschienen bei Conran Octopus Ltd
in der Octopus Publishing Group
Endeavour House
189 Shaftesbury Avenue
London WC2H 8JG, Großbritannien
www.octopusbooks.co.uk
A Hachette UK Company
www.hachettelivre.co.uk

Verlegerin: Lorraine Dickey
Lektorat: Elizabeth Wilhide, Sybella Marlow, Bridget Hopkinson
Herstellung: Jonathan Christie
Bildrecherche: Liz Boyd
Designassistenz: Mayumi Hashimoto
Produktion: Caroline Alberti

Satz der deutschen Ausgabe: Edith Mocker, Eichenau
Umschlaggestaltung der deutschen Ausgabe:
Susanne Ebersberger/DVA
Bild Umschlagvorderseite: © James Balston
Produktion der deutschen Ausgabe:
Monika Pitterle/DVA

Printed in China

ISBN: 978-3-421-03835-7

www.dva.de